¡LO ENCANTADO!

HOSPITALES Y ASILOS ENCANTADOS

Un libro de Las Ramas de Crabtree

THOMAS KINGSLEY TROUPE
Traducción de Santiago Ochoa

CRABTREE
Publishing Company
www.crabtreebooks.com

Apoyos de la escuela a los hogares para cuidadores y maestros

Este libro de gran interés está diseñado con temas atractivos para motivar a los estudiantes, a la vez que fomenta la fluidez, el vocabulario y el interés por la lectura. Las siguientes son algunas preguntas y actividades que ayudarán al lector a desarrollar sus habilidades de comprensión.

Antes de leer:

- ¿De qué creo que trata este libro?
- ¿Qué sé sobre este tema?
- ¿Qué quiero aprender sobre este tema?
- ¿Por qué estoy leyendo este libro?

Durante la lectura:

- Me pregunto por qué...
- Tengo curiosidad por saber...
- ¿En qué se parece esto a algo que ya conozco?
- ¿Qué he aprendido hasta ahora?

Después de la lectura:

- ¿Qué intentaba enseñarme el autor?
- ¿Qué detalles recuerdo?
- ¿Cómo me han ayudado las fotografías y los pies de foto a comprender mejor el libro?
- Vuelvo a leer el libro y busco las palabras del vocabulario.
- ¿Qué preguntas me quedan?

Actividades de extensión:

- ¿Cuál fue tu parte favorita del libro? Escribe un párrafo al respecto.
- Haz un dibujo de lo que más te gustó del libro.

ÍNDICE

ENCANTAMIENTOS POCO SALUDABLES

Los hospitales suelen ser relucientes y tienen un olor limpio y estéril. Pero este hospital huele a humedad y apesta a podredumbre. Tus pasos en el piso firme hacen más ruido del que te gustaría. En la oscuridad que hay adelante, una voz llora en agonía. Una corriente de aire frío pasa y te hace cosquillas en la mejilla. ¿Habrá pacientes sufriendo todavía en este hospital encantado?

Hay lugares alrededor del mundo en los que se cree que viven fantasmas. Los hospitales y asilos son lugares a donde la gente va para sanar. Tristemente, algunos pacientes nunca salen... ni vivos ni muertos.

Agarra tu linterna y respira profundo. Estás a punto de descubrir por qué estos hospitales y asilos están dentro de ¡LO ENCANTADO!

UN DATO ATERRADOR
Se cree que los fantasmas acechan lugares donde han ocurrido muchas muertes o nacimientos.

HOSPITAL ESTATAL DE NORTHVILLE

El Hospital estatal de Northville, cerca de Detroit, Michigan, era considerado como «un lugar que siempre ha sido macabro». Allí, las personas con problemas mentales podían recibir ayuda. Tristemente, los pacientes no eran tratados bien.

Las personas que se colaban en el hospital abandonado oían pasos tenues y voces fantasmales en los pasillos. El hospital terminó en ruinas y fue demolido en 2018.

Aunque el hospital estatal de Northville fue demolido, los habitantes del lugar le dicen «bosques malignos» a la zona boscosa cercana.

HOSPITAL SEVERALLS

Un hospital psiquiátrico conocido como hospital Severalls en Essex, Inglaterra, abrió sus puertas en 1913. Tenía capacidad para tratar a 2 000 pacientes al mismo  tiempo. Allí se llevaron a cabo tratamientos experimentales sobre salud mental, incluyendo terapia electroconvulsiva.

Durante la Segunda Guerra Mundial, el pabellón femenino fue bombardeado en un ataque aéreo alemán. Treinta y ocho pacientes murieron.

El hospital lleva mucho tiempo cerrado. Sus puertas fueron selladas en 1997 y desde entonces ha sido objeto de incendios provocados y vandalismo. La gente continúa entrando sin permiso y recorriendo los pasillos vacíos para tomar fotos y cazar fantasmas.

UN DATO ATERRADOR

En este hospital también se realizaron lobotomías. Una lobotomía era una cirugía en la que con un objeto afilado, a través de la cuenca del ojo, se llegaba al cerebro. Se pensaba que esto curaba enfermedades mentales.

Aunque nunca ha habido evidencias reales en el hospital Severalls, los visitantes tienden a sentir... algo. Una persona dijo sentir como si mil personas estuvieran escondidas detrás de los árboles, observando cada movimiento.

Se calcula que muchos de los 80 000 soldados del ejército británico que sufrieron **traumas** por los bombardeos fueron enviados al hospital Severalls para recibir tratamiento.

HOSPITAL
ESTATAL TAUNTON

El Hospital Estatal Taunton en Massachusetts fue construido en 1834. Originalmente se llamaba Hospital Estatal para Lunáticos de Taunton. Allí fueronn encerrados algunos de los peores asesinos de la historia.

Se creía que el hospital estaba encantado.
Las escaleras que conducían al sótano
producían una sensación de pánico.

La asesina en serie Jane Toppan fue paciente del Hospital
Estatal de Taunton. Jane era una enfermera que mataba y
envenenaba a sus pacientes y a otras personas fuera de su
sitio de trabajo. Fue declarada culpable por el asesinato
de 31 personas, pero afirmó haber matado a otras 70.
Jane fue internada en el Hospital Estatal Taunton y murió
allí después de permanecer 36 años como paciente.

Algunas personas llegaron a ver sombras oscuras moviéndose por las paredes. El hospital cerró en 1975 y fue demolido en 2009.

UN DATO ATERRADOR

Los pacientes reportaron ver a un grupo selecto de enfermeras y médicos de Taunton llevando pacientes al sótano. Se cree que realizaban experimentos allá. Misteriosamente, los pacientes nunca fueron vistos de nuevo.

HOSPITAL OLD CHANGI

Si alguien preguntara en donde encontrar «el lugar más encantado de Singapur», probablemente le señalarían el hospital Old Changi. Fue construido en 1935 para servir a la fuerza aérea británica.

Los japoneses tomaron el control del hospital durante la Segunda Guerra Mundial y lo convirtieron en un campo para prisioneros. Allí, eran torturados y asesinados, algunas veces por decapitación.

Los británicos recuperaron el control del hospital después del fin de la guerra. Desafortunadamente, nunca volvió a ser como antes. La gente reportaba actividades paranormales en este hospital de blancas paredes.

UN DATO ATERRADOR

Una vez se filmó una película en Old Changi. Captaron la sombra de una persona. ¡La escena era tan macabra que la incluyeron en la película!

Los visitantes de Old Changi han
oído gritos en lugares sin gente.
Han visto fantasmas de soldados
cubiertos de sangre, producto de
la guerra o de tortura. Otros han
observado el fantasma de un niño
que simplemente se sienta a mirar.

ISLA Y ASILO POVEGLIA

La pequeña isla de Poveglia, en Italia, era un lugar al cual llevaban a los condenados desde 1348. Venecia enviaba a los ciudadanos con síntomas de la peste bubónica para que murieran allí.

El asilo de Poveglia fue construido en la isla a comienzos del siglo 20. Un médico cayó del campanario y murió. La torre fue removida hace mucho tiempo, pero la gente oye todavía los timbres de las campanas en esta isla desierta.

En el siglo 17, los médicos que trataban la peste llevaban extrañas máscaras con picos que contenían hierbas. Creían que la máscara con forma de pico y las hierbas los protegían de la peste.

La isla de Poveglia y el asilo están abandonados. No se permite la entrada de nadie y los pescadores mantienen sus botes alejados del lugar maldito.

ASILO TRANS-ALLEGHENY PARA LUNÁTICOS

El asilo Trans-Allegheny para lunáticos, en Virginia Occidental, fue construido a finales del siglo 19 para tratar a 250 pacientes. Para la década de los cincuenta del siglo 20 tenía más de 2 600 pacientes.

Las condiciones en el Trans-Allegheny eran terribles. Hasta cuatro pacientes eran amontonados en habitaciones construidas para uno solo. Los alimentos eran escasos, las ventanas estaban cubiertas de moho y porquería y se realizaban experimentos horribles con los pacientes. ¡No es de extrañar que este asilo esté encantado!

El asilo cerró en 1994, pero su terrible historia sigue activa. La gente afirma ver el fantasma de Lily, una niña que vivió durante la Guerra Civil. Muchos pueden oír su risa y su llanto en el salón de juegos.

ASILO ARADALE PARA LUNÁTICOS

A dos horas de Melbourne, Australia, se encuentra el asilo mental Aradale. Abrió en 1865 y trató pacientes durante 126 años. Ahora, al igual que muchos asilos alrededor del mundo, está vacío y abandonado.

Sus viejos edificios parecen sacados de una película de terror. ¡Algunos visitantes han sentido la presencia de algo que intenta empujarlos por las escaleras!

SANATORIO WAVERLY HILLS

En el primer lugar de muchas listas de lugares encantados está el sanatorio Waverly Hills, en Louisville, Kentucky. Abrió en 1910 y fue ampliado para recibir grandes cantidades de pacientes con tuberculosis.

UN DATO ATERRADOR

Según los registros, aproximadamente 6 000 pacientes murieron en Waverly Hills.

Desafortunadamente, muchas personas murieron a causa de esta enfermedad. El lugar cerró en 1961 y fue reabierto como un sanatorio geriátrico. Después de saberse que trataban mal a los pacientes y de las condiciones lamentables, el sanatorio fue cerrado para siempre en 1982.

Waverly Hills tenía varias cosas macabras.
Una de ellas era el vertedero. Los pacientes que
morían eran arrojados por una rampa larga que
daba a un camión de la morgue. Esto evitaba
que los pacientes vieran a los que habían muerto.

Los visitantes han oído música, pasos y voces
extrañas. Desde las habitaciones de los pacientes
se pueden ver rostros sombríos que observan los
largos y oscuros pasillos.

Casi todos los programas de televisión sobre fantasmas han grabado investigaciones paranormales en Waverly Hills. Casi todas han captado algún tipo de evidencia fantasmal. Muchos escépticos que no están seguros de que los fantasmas existan, han salido de Waverly Hills habiendo experimentado alguna situación paranormal durante su visita.

UN DATO ATERRADOR

Muchos investigadores paranormales creen que los medidores EMF pueden detectar la presencia de espíritus.

CONCLUSIÓN

¿Es cierto que los fantasmas realmente acechan los hospitales y asilos? Lo que una persona ve, otra lo podría negar.

Está en tus manos decidir qué creer. Si oyes o ves algo macabro, escríbelo o captúralo con una cámara. La evidencia que descubras podría ayudarnos a entender ¡LO ENCANTADO!

GLOSARIO

escépticos: Personas que tienden a cuestionar o a dudar de muchas cosas.

lobotomías: Cirugías realizadas en el cerebro; se creía que curaban las enfermedades mentales.

pánico: Tenerle muchísimo miedo a algo.

paranormales: Eventos extraños que están más allá de la comprensión normal.

peste bubónica: Una enfermedad mortal que causaba fiebre, inflamación y delirio.

terapia electroconvulsiva: El tratamiento de enfermedades mentales aplicándole electricidad a la cabeza de un paciente.

traumas: Impresiones muy fuertes debido a un hecho negativo.

tuberculosis: Una enfermedad infecciosa y bacteriana que suele atacar los pulmones.

vandalismo: Destrucción o daño a la propiedad pública o privada.

ÍNDICE ANALÍTICO

SITIOS WEB (PÁGINAS EN INGLÉS):

https://kids.kiddle.co/Ghost

www.hauntedrooms.co.uk/
ghost-stories-kids-scary-childrens

www.ghostsandgravestones.com/
how-to-ghost-hunt

ACERCA DEL AUTOR

Thomas Kingsley Troupe

Thomas Kingsley Troupe ha escrito muchísimos libros para niños. Sus temas incluyen fantasmas, Pie Grande, hombres lobo e incluso un libro sobre la suciedad. Cuando no escribe o lee, investiga lo paranormal como parte de la Sociedad Paranormal de las Ciudades Gemelas. Vive en Woodbury, Minnesota con sus dos hijos.

CRABTREE Publishing Company

Produced by: Blue Door Education for Crabtree Publishing

Written by: Thomas Kingsley Troupe

Designed by: Jennifer Dydyk

Edited by: Kelli Hicks

Proofreader: Crystal Sikkens

Translation to Spanish: Santiago Ochoa

Spanish-language layout and proofread: Base Tres

Print and production coordinator: Katherine Berti

Las imágenes y fotografías de «fantasmas» contenidas en este libro son interpretaciones de los artistas. La editorial no asegura que sean imágenes reales o fotografías de los fantasmas mencionados en este libro.

Photographs: Cover photos: skull on cover and throughout book © Fer Gregory, pgs 4-5 creepy picture borders here and throughout book © Dmitry Natashin, photo of room © Lee Bull, old building exterior © lennystan, pg. 7 trees © Mimadeo, corridor © sutlafk, pg. 9 © photo © Milles Studio, illustration of head © jumpingsack, illustration of tools © Alexander_P, pg. 10 © Editorial credit: Gaia Conventi / Shutterstock.com, pg. 13 © boscorelli, pg. 17 © A Kiely, pg.s 18-19 background photo with bed © Wirestock Creators, pg. 19 plague doctor © annaliberty111, pg. 20 © Malachi Jacobs, pg. 21 girl © Anneka, pg. 22 and 23 © Damian Pankowiec, pg. 24 © boscorelli, pg. 28 ward © Ppictures, woman © Soare Cecilia Corina, examination chair © Daniel Schmitt. All images from Shutterstock.com except cover photo of patient © Anki Hoglund | Dreamstime.com, bed © Daniel Sanchez Blasco | Dreamstime.com, pg. 6 Hospital © Dwight Burdette https://creativecommons.org/licenses/by/3.0/deed.en, pg. 8 © Hospital © Glyn Baker https://creativecommons.org/licenses/by-sa/2.0/deed.en , pg. 11 Hospital public domain image, New York Public Library, pg. 12 Jane Toppan public domain image, pg. 14-15 Hospital © Stanley | Adobe Stock, pg. 16 Hospital © fusionstream | Adobe Stock, pg. 18 inset photo © Angelo Meneghini https://creativecommons.org/licenses/by/3.0/, pg. 21 top photo © Richie Diesterheft https://creativecommons.org/licenses/by/2.0/deed.en, pg. 24 public domain image, pg. 25 © Royasfoto73 https://creativecommons.org/licenses/by-sa/4.0/deed.en , pg. 27 © LuckyLouie https://creativecommons.org/licenses/by-sa/3.0/deed.en

Library and Archives Canada Cataloguing in Publication

Available at the Library and Archives Canada

Library of Congress Cataloging-in-Publication Data

Available at the Library of Congress

Crabtree Publishing Company

www.crabtreebooks.com   1-800-387-7650

Copyright © 2022 **CRABTREE PUBLISHING COMPANY**

Published in the United States
Crabtree Publishing
347 Fifth Avenue
Suite 1402-145
New York, NY, 10016

Published in Canada
Crabtree Publishing
616 Welland Ave.
St. Catharines, Ontario
L2M 5V6

Printed in the U.S.A./092021/CG20210616